평범한 우리 어린이들을 다음 세대
위인으로 만들어 줄 교과서 위인 이야기!
효리원의 교과서 위인 이야기는 초등학교
교과 과정에 나오는 국내외 위인들을, 우리나라
최고 아동 문학가 53인이 재미있게 동화로 구성했습니다.
지혜와 용기로 위대한 삶을 산 위인들의 이야기는,
어린이들의 마음속에 '나도 할 수 있다.'는
희망의 씨앗을 심어 줄 것입니다!

일러두기

1. 띄어쓰기와 맞춤법 : 초등학교 국어 교과서와 국립국어원의 『표준국어대사전』을 기준으로 하였습니다.

2. 외래어 지명과 인명 : 국립국어원의 『외래어 표기 용례집』을 기준으로 하였습니다.

3. 이해가 어려운 단어 : ( ) 안에 뜻풀이를 하였습니다.

4. 작가 연보 : 연도와 함께 나이를 표기하고, 업적을 간략히 소개하였습니다. 우리나라 위인은 태어난 해를 한 살로 하였고, 외국 위인은 만 나이로 태어난 다음 해를 한 살로 하였습니다. 정확한 자료가 없는 위인은 연도와 업적만을 나타냈습니다.

5. 내용 구성 : 위인의 삶은 역사적 자료를 바탕으로 최대한 사실적으로 구성하였습니다. 그러나 읽는 재미를 위해 대화 글이나 배경 묘사, 인물의 감정 표현 등에 작가의 상상력을 더했습니다.

6. 그림 구성 : 문헌을 바탕으로 위인이 살던 시대를 충실히 나타내도록 하되 복식의 색상이나 장식, 소품, 건물 등은 작가의 상상으로 그렸습니다.

7. 내용 감수 : 각 분야의 전문가들로 구성된 편집 위원들이 꼼꼼히 감수를 하였습니다.

편집 위원

김용만(우리역사문화연구소장)
교과서에서 만나는 위인들을 중심으로 일화와 함께 그림과 사진을 곁들여 지루하지 않게 읽을 수 있습니다. 술술 읽다 보면 학교 공부에도 많은 도움이 될 것입니다.

신현득(동시인, 전 새싹회 회장)
우리가 자주 듣고 접하는 역사 속 실존 인물들이 자신의 꿈을 이루기 위해 어떻게 노력했는지 깨달아 가면서 우리 어린이들은 한층 더 성숙해질 것입니다.

윤재운(동북아역사재단 연구 위원)
위인전을 읽으면서 어린이들은 시대를 넘어 간접 체험을 할 수 있습니다. 어떻게 살아야 하는지 인생에 대한 동기 부여와 함께 삶이 보다 풍요로워질 것입니다.

이은경(철학 박사, 전북과학대 유아교육학과 교수)
한 사람의 인격과 품성은 어릴 때 형성됩니다. 따라서 초등학교 저학년 때

어떤 책을 읽느냐에 따라 생각의 크기가 달라집니다. 어린이의 미래를 위해 이 책은 꼭 읽어야 합니다.

이창열(하버드 대학교 물리학 박사, 전 국가과학기술자문회의 전문 위원)
세상을 바꾼 위대한 인물의 이야기는 어린이의 인성 및 감성 발달에 큰 영향을 미칠 뿐 아니라 실험 정신과 개척 정신을 길러 줍니다. 용기와 지혜로 세상을 헤쳐 나가는 당당한 어린이를 꿈꾼다면 이 책은 꼭 한번 읽어 보아야 합니다.

정재도(한글학자)
위인으로 일컬어지는 이들은 어떤 생각을 하고, 어떤 삶을 살았을까요? 그들의 흔적을 담은 위인전은 복잡한 현대를 이끌어 갈 우리 어린이들에게 나침반과 같은 역할을 할 것입니다.

조수철(서울대학교 의과대학 소아정신과 교수)
위인전은 시대와 신분, 업적이 다른 위인들의 삶이 다양하고 흥미롭게 구성되어 있어 손쉽게 여러 삶의 모습을 만날 수 있습니다. 용기 있게 고난을 헤쳐 나간 위인의 이야기를 통해 삶의 지혜를 배울 수 있을 것입니다.

독창적인 서체를 만들어 낸
조선 최고 명필가
한 석 봉

박숙희 글 / 정선경 그림

효리원
hyoreewon.com

하느님이 모든 사람들을 일일이 관리할 수 없어 가정마다 어머니를 보냈다는 말이 있습니다. 소중한 자식일수록 하느님의 마음으로 길러야 한다는 뜻이겠지요. 요즘 어린이들은 풍부한 물질 문명 속에서 자라나고 있기에 끈기나 인내심, 옳은 가치관을 기르기가 어려운 것이 사실입니다. 이런 때에 불굴의 정신력으로 모범적인 삶을 살다 간 위인들의 이야기를 읽게 하는 것은 무척 바람직한 일입니다.

한 사람이 세상에 태어나 그 시대 사람들에게 칭찬과 존경을 받으며 일생을 마친다는 것은 흔한 일이 아닙니다.

한석봉은 어려운 시대에 태어나 가난과 온갖 시련 속에서도 절망하거나 포기하지 않고 피나는 노력을 기울인 끝에 자신의 꿈을 이루었고, 임금님에게까지 칭찬을 받았습니다. 그가 쓴 글씨는 소중한 우리 문화유산이며, 그가 만든 「석봉 천자문」은 많은 사람들에게 아름답고 좋은 글씨로 공부할 수 있는 길을 열어 주었습니다.

떡장수를 하면서도 꼿꼿한 정신으로 아들을 엄격하게 키운 석봉 어머니의 눈물겨운 교육은 이 시대의 어머니들이 본받아야 할 좋은 덕목이라고 할 수 있습니다.

올곧은 인생을 살아가는 한석봉의 모습을 통해 자녀들이 역경을 헤쳐 나가는 정신력을 배우고 가치관을 정립시킬 수 있도록 지도해 주십시오. 함께 읽고 토론하며, 기뻐할 만한 장면에서는 함께 기뻐해 주고, 슬픈 장면에서는 함께 울어 주십시오. 어머니의 옳은 권고나 눈물만큼 자녀를 바른 길로 이끄는 좋은 약은 없습니다.

우리가 사는 요즘 세상은 얼핏 보면 모든 것이 풍부하고, 크게 부족한 것이 없는 살기 좋은 세상이지요. 먹을 것과 입을 것이 넉넉하고, 크게 불편한 것도 없으니까요. 옛날 가난하고 어렵던 시절에 비하면 축복 받은 시대에 살고 있다고 해도 지나친 말이 아닐 거예요. 그렇지만 온실 속에서 자란 나무는 바람이 세차게 불면 쓰러집니다. 사람도 다를 바 없지요.

이 책은 가난과 어려움에도 굴하지 않고 꿋꿋이 자신의 재능을 갈고닦아 천하 명필이 되어 나라를 빛내고, 백성들에게 꿈과 희망을 심어 준 한석봉의 이야기입니다. 주인공 한석봉이 여러분과 어떻게 다른지, 그에게서 무엇을 본받아야 할지 생각해 보세요.

글쓴이 박 숙희

차 례

기대 속에 태어난 아이

지금으로부터 470여 년 전의 일입니다.

옛 고려의 수도였던 송도 지방의 한 마을에서 우렁찬 아기의 울음소리가 들려왔습니다.

"으앙, 으앙!"

밖에서 아기가 태어나기를 기다리고 있던 할아버지와 아버지는 울음소리를 듣고 손뼉을 치며 기뻐했습니다.

"아버님, 드디어 아기가 나왔나 봅니다!"

"울음소리가 우렁찬 걸 보니 사내아이가 틀림없구나."

1초가 마치 한 시간처럼 느리게 느껴졌습니다. 할아버지는 마당을 왔다 갔다 하며 애가 달아 이제나저제나 산파(아이를 낳을 때 아이를 받고 산모를 도와주는 일을 하던 여자)가 아들 낳았다는 소식을 전해 주기만을 기다렸습니다.

드디어 산파가 방문을 열고 나와 말했습니다.

"대감마님, 기뻐하십시오. 떡두꺼비 같은 손자를 얻으셨습니다."

"그게 정말인가?"

"네, 아주 건강하고 영특하게 생긴 사내아이이옵니다."

"수고하였네. 아기와 아기 엄마를 잘 보살펴 주게나."

할아버지는 싱글벙글 좋아서 어쩔 줄 몰랐습니다.

아기가 태어나기 며칠 전이었습니다. 평소 가깝게 지내던 스님이 할아버지를 찾아왔습니다. 스님은 자신이 법당에서 불공을 드리다가 깜박 졸았는데, 왕희지(글씨를 잘 써 성인이라고 불리는 중국의 서예가)가 꿈에 나타나 한씨 가문에 유명한 명필이 태어날 거라고 말해 주었다는 것이었습니다.

할아버지는 그 말을 듣고는 은근히 사내아이가 태어나기를 기다려 왔던 것입니다.

"하하하, 꿈에 그 유명한 왕희지가 나타나 우리 가문에 천하 명필이 태어날 거라고 했다더니, 큰스님의 말씀이 사실인가 보구나."

한석봉이 쓴 글씨를 모아 만든 서첩

할아버지는 귀한 자손을 낳은 며느리를 크게 칭찬해 주었습니다.

"아가, 애썼다. 이 아이는 장차 우리 한씨 가문을 빛낼 큰사람이 될 것이니, 내 말 명심하고 잘 기르도록 해라."

"아버님, 잘 알겠습니다. 제 힘이 닿는 데까지 아이를 잘 키우겠습니다."

할아버지는 밤새도록 깊이 생각한 끝에 아기 이름을 지었습니다.

"아이 이름을 '호'라 하고, 자는 '경홍'이라 불러라."

"네, 아버님 말씀 잘 받들겠습니다."

그 당시 선비들은 이름을 두세 개씩 가지고 있었습니다. 귀한 자손의 이름이 함부로 불릴까 봐 장가를 든 후에 부르는 이

름도 따로 지었습니다. 그런 이름을 '자'라고 합니다.

한호는 나중에 '석봉'이라는 호를 썼는데, 이름보다 호가 더 유명해져서 많은 사람들의 입에 오르내리게 되었습니다.

이렇게 가족들의 큰 기대 속에서 태어난 아이가 바로 조선에서 글을 아는 사람이면 누구나 아는 훌륭한 서예가 한석봉입니다. 석봉은 가족들의 기대와 사랑 속에서 무럭무럭 자랐습니다.

할아버지의 죽음

"에구, 저 어린것을 언제 키워 내 눈으로 큰사람 되는 걸 보나……."

정랑관 벼슬을 지낸 할아버지는 벼슬에서 물러나 송악산 기슭의 경치 좋은 시골에 내려와 살고 있었습니다.

한석봉의 집안은 조상 때부터 학문과 사람의 도리를 소중히 여겨 왔습니다. 석봉의 아버지도 학문을 닦는 선비로서 벼슬길에 나아가기 위해 밤낮으로 열심히 공부하고 있었습니다. 이 때문에 집안은 가난할 수밖에 없었습니다.

광한전 백옥루 상량문 | 허난설헌이 지은 '광한전 백옥루 상량문'을 한석봉이 다시 적은 것입니다.

그런 가운데서도 석봉은 아무 탈 없이 잘 자라 주었습니다.

그런데 석봉이 세 살 되던 해에 집안에 불행한 일이 생겼습니다. 밤낮으로 과거 시험 공부에 매달리던 아버지가 그만 병을 얻어 어린 석봉을 두고 세상을 떠난 것입니다. 석봉이 아직 아버지의 사랑도 충분히 받지 못하고, 얼굴도 제대로 익히기 전이었습니다.

어머니는 하늘이 무너지는 듯 목 놓아 울고, 할아버지도 땅이 꺼질 듯 탄식을 했습니다. 아무것도 모르는 석봉은 재롱을 떨며 할아버지와 어머니의 기쁨이 되어 주었습니다.

세월이 흘러 석봉은 다섯 살이 되었습니다. 이젠 제법 밖에 나가 아이들과 어울려 놀기 시작했습니다.

그런데 석봉은 노는 것이 남달랐습니다. 다른 아이들은

구슬치기나 팽이치기 같은 놀이를 하고 노는데, 석봉은 혼자서 땅에다 글씨를 쓰며 노는 것이었습니다.

"아버님, 저것 보세요. 우리 호가 땅바닥에 글씨를 쓰면서 노는군요."

"옳다! 이젠 글을 가르칠 때가 되었나 보다. 내가 천자문을 가르쳐야겠구나!"

할아버지는 석봉을 사랑방에 앉혀 놓고 붓글씨 쓰는 법과 천자문을 가르쳤습니다. 뿐만 아니라 참다운 사람의 도리에 대해서도 가르쳤습니다.

남달리 총명하고 영특한 석봉은 할아버지가 가르쳐 주는 천자문을 싫증도 내지 않고 열심히 배웠습니다.

큰 아이들도 싫어하고 힘들어 하는 공부였지만, 석봉은 글씨를 쓰고 공부를 하는 것이 재미있었습니다.

그렇게 열심히 공부하여 석봉은 그해가 가기 전에 천자문을 떼었습니다. 일곱 살 때는 할아버지의 친구들 앞에서 시를 짓기까지 했습니다.

임금님의 장수를 빌고, 할아버지의 장수를 빌고, 할아버지 친구분들의 장수를 빈다는 내용의 시를 읽은 할아버지 친구들은 모두가 눈이 휘둥그레졌습니다.

"호오, 이렇게 훌륭할 수가! 이 글을 누가 일곱 살짜리 아이가 짓고 쓴 것이라 하겠소? 내용도 훌륭하지만, 글씨 한 획 한 획이 정확하고 힘이 있지 않소. 이 아이는 신동이 틀림없소!"

"우리 조선에 명필이 났구려. 한 공은 훌륭한 자손을 두어서 좋겠소이다."

할아버지의 친구들은 놀라서 입을 다물지 못했습니다.

"껄껄껄, 그러게 말이네. 내가 손자 하나는 잘 두었지."

할아버지는 크게 웃으며 즐거워하였습니다.

할아버지에게서 천자문을 떼고 글씨를 배운 석봉은 여덟 살이 되고부터는 서당에 다니기 시작했습니다. 훈장님은 석봉을 따뜻하게 맞아 주었습니다.

서당에는 석봉이 또래 아이들뿐 아니라 석봉이보다 훨씬

큰 아이들도 다니고 있었습니다.

아이들은 석봉의 반듯한 행동과 뛰어난 필치를 시기하여 석봉을 골탕먹이고 괴롭혔습니다.

"야, 애늙은이. 너 잘난 척하면 가만두지 않을 거야."

"너, 훈장님한테 이르기만 해."

하지만 석봉은 전혀 상관하지 않고 오히려 그들의 나쁜 점을 고쳐 주었습니다.

석봉이 한창 글공부에 재미를 붙이고 있을 때였습니다. 석봉이 잘되기만을 빌며 손자 보는 낙으로 살던 할아버지가 오랫동안 앓아 오던 병으로 덜컥 자리에 눕고 말았습니다.

"할아버지가 가시면 우리는 어떻게 살아요? 제발 기운 차리세요."

"애야, 사람의 수명은 하늘에 달렸단다. 사람이 아무리 애를 써도 목숨만은 맘대로 안 되는 거란다."

"흑흑, 할아버지가 가시면 어머니와 전 어떻게 살아요. 안 돼요……."

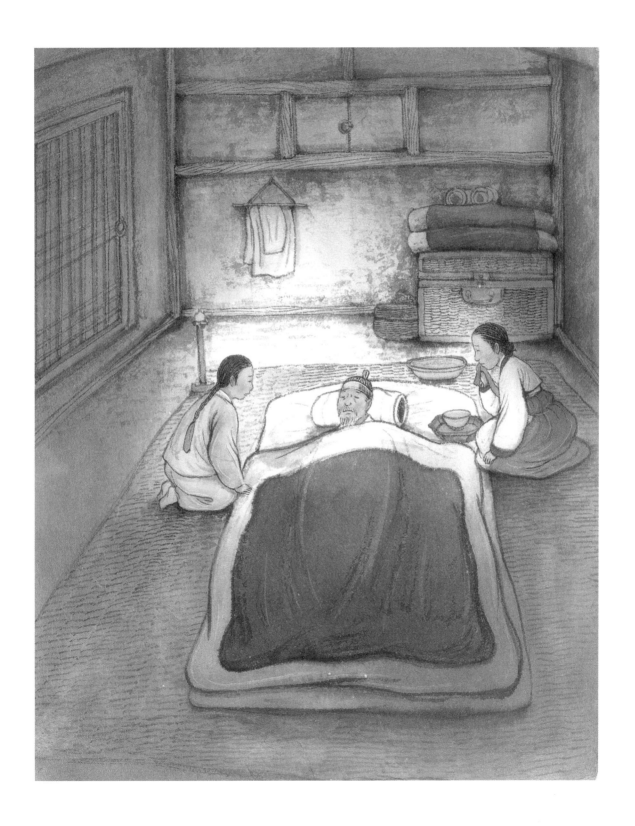

"이 할아비가 죽더라도 너는 손에서 붓을 놓아선 안 된다. 네 재주는 하늘이 내려 준 것이란다. 이 할아비와 약속하자구나. 네가 천하의 명필이 되기까지, 아무리 힘든 일이 있어도 포기하지 않겠다고 말이다."

"네, 할아버지, 약속하겠어요."

그렇게도 석봉을 사랑하던 할아버지는 석봉에게 반드시 명필이 될 것을 신신당부하고는 글씨를 쓰는 석봉을 지켜보면서 눈을 감았습니다.

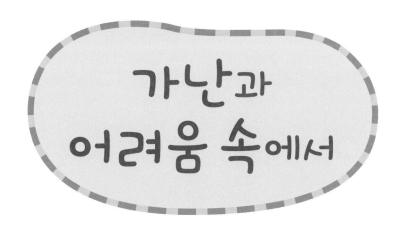

가난과 어려움 속에서

할아버지가 돌아가시자 석봉의 집안은 더욱 가난해졌습니다. 할아버지의 병구완이며, 장례를 치르느라 진 빚을 갚기 위해 큰 집을 팔고 작은 초가집으로 이사를 해야만 했습니다. 머슴도 없이 어머니가 품팔이를 하여 근근이 살아가는 형편이라 서당도 더 이상 다닐 수 없었습니다.

"어머니, 이젠 저 혼자 집에서 글씨 연습을 하고, 서당은 그만두겠습니다."

"아무리 가난해도 그래서는 안 되는데, 이 어미가 널 볼

면목이 없구나.”

석봉은 다니던 서당을 그만두고, 집에서 혼자 글씨 연습을 했습니다.

가난한 집안과 어머니를 생각할 때마다 글공부를 그만두고 꼴머슴(땔나무나 꼴을 베는 일을 하는 어린 남자 종)이라도 해서 어머니를 돕고 싶었지만, 어머니는 그때마다 석봉을 무섭게 꾸짖었습니다.

석봉은 할 수 없이 할아버지의 유언을 생각하며 밤낮을 가리지 않고 열심히 글씨 연습을 했습니다. 먹과 종이가 없어서 물을 찍어 바윗돌이나 나뭇잎에도 쓰고, 항아리에도 썼습니다.

“지성이면 감천이라고 하지 않는가. 저렇게 열심히 노력하는데 어찌 성공하지 않겠는가? 저 애는 반드시 성공할 거야. 중국의 왕희지를 능가하는 명필이 될 걸세!”

이웃 사람들은 그런 석봉을 두고 입에 침이 마르도록 칭찬했습니다.

석봉의 나이 어언 열두 살이 되었습
니다. 그때까지도 석봉은 글씨 공부에
여념이 없었습니다.
　　그날도 석봉은 바위 위에다 글
씨를 쓰고 있었습니다. 골짜기
에 시원하게 흐르는 폭포를

보며 매끄러운 바윗돌에 물 글씨를 써 시를 짓고 있는데, 지나가던 스님이 그 광경을 보고 가까이 다가왔습니다.

"정말 뛰어난 솜씨로구나! 너 혹시 한관 어른의 손자가 아니더냐?"

"그렇습니다만, 스님은 누구십니까?"

"네 할아버지의 친구란다. 그러잖아도 네가 소년 명필이라는 소문을 듣고 궁금하여 너희 집을 찾아가는 길이다."

스님을 모시고 집에 와서 그간의 사정을 들려주자 스님은 안타까운 표정으로 석봉 모자에게 간곡하게 말했습니다.

"이 아이는 장차 이 나라를 빛낼 명필이 될 재목입니다. 이대로 시골에서 썩힐 순 없는 인재입니다. 이 서찰을 가지고 한양의 영계 신희남 선생님에게 아이를 보내어 가르침을 받도록 하십시오."

"죄송합니다. 어미가 박복해서 아이를 이 모양으로 두었습니다. 스님! 제 몸이 가루가 되는 한이 있어도 호를 뒷바라지하겠사오니 영계 선생님께 잘 말씀드려 주십시오."

"돌아가신 어른과의 약속도 있고 해서, 소승이 한양을 거쳐 오면서 이미 영계 선생님을 뵙고 호를 문하생으로 받아 달라고 부탁해 놓았습니다. 영계 선생님은 높은 벼슬을 지낸 분으로, 문무를 두루 갖춘 덕망 높은 분이지요."

"스님, 정말 고맙습니다. 이 은혜는 죽어도 잊지 않겠습니다."

어머니는 서둘러 한양으로 갈 채비를 해 주며 석봉에게 당부했습니다.

"어미 말 잘 들어라. 너도 이제 어미 곁을 떠나서 살 나이가 되었구나. 비록 지금은 우리 집안이 가난하지만, 네 5대조 할아버지는 군수를 지내셨고, 할아버지는 정랑관 벼슬을 지내신 훌륭한 집안이란다. 불행히도 아버지가 일찍 돌아가셔서 가세가 기울었지만, 이 집안을 다시 일으켜 세우는 일은 네게 달렸다. 그러니 단단히 마음먹고 공부해서 꼭 성공해야 한다."

"예, 어머니. 열심히 공부하여 우리 집안을 일으키고 어

34

머니를 편안히 모시겠습니다. 제가 없더라도 부디 몸조심하십시오."

"무슨 학문이든지 최소한 십 년은 닦아야 한다. 너도 오늘 이 집을 나가면 십 년을 작정하고 공부에 전념하도록 하여라. 그 전에는 아예 집에 올 생각일랑 하지 마라. 알겠느냐?"

어머니는 엄숙한 얼굴로 석봉에게 말했습니다.

"알겠습니다, 어머니."

석봉은 어머니의 말을 단단히 가슴에 새겼습니다.

"어머니, 안녕히 계십시오."

석봉은 동구 밖까지 따라와 손을 흔드는 어머니와 눈물바람으로 헤어져 떨어지지 않는 발걸음으로 한양길에 올랐습니다.

영계 신희남
선생님

송도에서 한양까지는 200리가 넘는 길이었습니다.

석봉은 높고 낮은 산을 지나고, 좁고 험한 길을 신발이 닳도록 걷고 또 걸어 마침내 한양 땅에 닿았습니다.

영계 선생은 석봉이 오기를 기다리고 있었다는 듯 반갑게 맞아 주었습니다. 영계 선생은 듣던 대로 과연 기품 있어 보이는 인물이었습니다.

석봉은 영계 선생에게 예를 갖추어 큰절을 올렸습니다.

"스승님, 송도에서 온 한호 인사드리옵니다. 부디 거두

어 주십시오."

"어서 오너라. 먼길 오느라고 고생했다. 스님 말씀대로 총명하게 생겼구나. 큰 뜻을 품고 왔으니 열심히 공부하여 네 뜻을 꼭 이루도록 하여라."

"네, 가르침 받들어 스승님의 기대에 어긋남이 없도록 노력하겠습니다."

석봉은 영계 선생님 밑에서 1분 1초를 소중히 여기고 열심히 공부하는 한편, 글씨 쓰기에도 최선을 다하였습니다.

남들이 한 시간 공부하면 두세 시간 공부했고, 다른 서생들이 잘 때도 혼자 깨어 몇 곱절의 노력을 기울였습니다. 석봉의 피나는 노력은 아무도 흉내 낼 수 없었습니다.

세월이 물 흐르듯 흘러갔습니다. 석봉이 한양으로 온 지도 3년이 지났습니다.

그날도 석봉은 어머니를 생각하면서 열심히 글공부를 하고 있었습니다. 그런데 영계 선생님이 정신없이 붓글씨를 쓰고 있는 석봉을 불렀습니다.

"그동안 너를 눈여겨보았는데, 정말 열심히 하더구나. 이번에 추계 휘호(글씨를 쓰거나 그림을 그림) 대회가 열리니 참가하여 그동안 닦은 실력을 발휘해 보아라."

석봉은 뛸 듯이 기뻤습니다. 그동안 중국의 유명한 명필 왕희지나 안진경의 글씨체를 따라 공부하면서도 남몰래 자기만의 글씨를 새로이 만들어 보고 있었는데, 마침 자신의 실력을 시험해 볼 수 있는 기회를 얻게 된 것이었습니다.

글쓰기 대회에는 장안의 한다하는 서생들이 몰려들어 갈고닦은 실력을 인정받기 위해 정성껏 붓을 놀렸습니다. 석봉도 종이를 받아 앞에 놓고 시제를 깊이깊이 생각한 끝에 정성을 다하여 글씨를 써 나갔습니다.

어린 시절 항아리나 바윗돌, 나뭇잎에 연습하던 글씨, 연약한 어머니가 떡을 팔아 사 준 종이에 연습하며 익힌 글씨였습니다. 석봉의 글씨는 그 모든 지난날을 말하는 것 같았고, 한 자 한 자가 살아서 꿈틀거리는 것처럼 힘이 있었습니다.

옥산 서원의 무변루 | 경상북도 경주에 있는 옥산 서원은 조선 명종 때의 성리학자 이언적의 위패를 모셔 둔 곳입니다. 이곳에 '무변루'라는 누각이 있는데, 이 누각의 현판 글씨가 바로 한석봉이 쓴 것입니다.

서생들의 글쓰기가 끝나고 감독관이 심사 결과를 발표했습니다.

"오늘의 장원은 영계 선생의 문하생인 한호요!"

석봉의 이름이 불리고 석봉이 쓴 글씨가 여러 사람 앞에 내걸리자, 글씨를 본 사람들이 모두 아낌없는 칭찬을 보내 주었습니다.

"호오, 정말 뛰어난 글씨일세! 대단한 명필이구먼. 당연히 장원감이야!"

"한양에서 한호를 따를 사람은 아무도 없을 거야!"

석봉의 글씨를 칭찬하지 않는 사람이 없었습니다.

그러자 석봉은 마음이 우쭐해졌습니다. 그리고 고생하시는 어머니가 눈에 선히 떠올랐습니다.

"모두가 나를 저렇게 명필이라고 칭찬하는 걸 보니 내가 과연 잘 쓰는 모양이다. 이만하면 명필로 성공하였으니 이제 그만 돌아가 내 뒷바라지를 하느라 고생하시는 어머니를 편히 모셔야겠다."

석봉은 십 년이 되기 전에는 절대로 돌아올 생각을 하지 말라던 어머니 말씀이 생각났지만, 글쓰기 대회에서 장원이 되고 명필이라는 칭호를 듣게 된 걸 알면 어머니도 자신을 기쁘게 반겨 줄 거라고 여겼습니다.

석봉은 이런저런 생각에 밤새 잠을 이루지 못하고 뒤척이다가 스승에게 어렵게 입을 열었습니다.

"스승님, 저는 이제 집으로 돌아가서 불쌍한 어머니를 모시며 자식 된 도리를 해야겠습니다. 어머니가 앓는 모습이 자꾸 꿈에 보여 괴롭습니다."

"스스로 다 된 줄 아는 자는 넘어질까 조심해야 한다. 학
문이 그렇게 쉽게 이루어지는 거라면 오죽 좋겠느냐? 어머
니가 그토록 걱정이라면 가거라."

영계 선생님은 무슨 생각에서인지 순순히 석봉을 보내
주었습니다.

어머니의 시험

한 해가 저물어 가는 섣달 추운 새벽, 석봉은 스승께 작별 인사를 하고 고향 집으로 향하였습니다. 금방이라도 온 몸이 꽁꽁 얼 듯 추운 날이었지만, 어머니를 만난다는 생각에 추운 줄 모르고 달렸습니다.

마침내 그리운 사립문 안으로 들어섰습니다. 방 안에서 떡을 썰고 있는 어머니의 그림자가 문 밖으로 비쳤습니다.

"어머니! 소자가 돌아왔습니다."

"뭐? 내 아들이라고? 그럴 리가! 내 아들은 성공하여 명필이 되기 전에는 돌아오지 않기로 맹세하고 떠났는데, 겨우 3년 만에 명필이 되었단 말이냐?"

"네, 어머니. 제가 명필이 되어 돌아왔습니다. 한양에서 열린 글씨 쓰기 대회에서 장원을 하여 한양 장안에서는 저를 따를 사람이 없습니다. 사람들이 모두 저를 명필로 인정해 주었습니다. 이제 어머니를 편히 모시겠습니다."

"그렇다면 어디 보자. 들어오너라."

어머니는 3년 만에 본 아들인데도 조금도 반가운 기색 없이 싸늘한 얼굴로 석봉을 맞았습니다. 석봉이 절을 올렸지만, 받는 둥 마는 둥 하였습니다.

"그래, 3년 만에 명필이 되었다니 장하구나. 그럼 어디 붓과 종이를 꺼내어 내 앞에서 한번 써 보아라. 대신 나는 떡을 썰겠다."

어머니는 석봉이 준비를 끝내자 호롱불을 훅 꺼 버렸습니다. 석봉이 깜짝 놀라 물었습니다.

"어머니, 왜 불을 끄십니까? 글씨를 어떻게 쓰라고요?"

"놀랄 것 없다. 네가 진정 명필이라면 어둠 속에서도 글씨를 잘 쓸 수 있을 것이다."

그리하여 어둠 속에서 석봉은 글씨를 쓰고, 어머니는

49

떡을 썰었습니다. 한참 뒤, 불을 켜 보니 이게 웬일일까요? 어머니가 썬 떡은 쪽 고른데, 석봉의 글씨는 크기도 모양도 제각각에다 삐뚤빼뚤 볼품이 없었습니다.

석봉은 기가 막혔습니다. 어머니는 그럴 줄 알았다는 듯 놀라지도 않고 차분히 말했습니다.

"이게 3년이나 공부한 명필의 글씨란 말이냐?"

"어머니, 용서해 주세요. 어머니가 고생하시는 것이 너무 마음 아파서 그만……."

"어미를 가엾게 여긴다면 이 길로 가서 열심히 공부하여라. 그래서 과거에 급제하여 집안을 일으키는 명필이 되어라. 지금 당장 떠나라."

"하룻밤만 어머니 곁에서 자고 가게 해 주십시오."

"그러면 떠나지 못한다. 당장 나서라!"

어머니는 끝내 석봉을 밖으로 내보내고 사립문을 닫았습니다. 그리고 아들이 동구 밖을 벗어나는 것을 보고서야 마음놓고 울었습니다. 추운 새벽길을 걸어 한양으로 되돌

아가는 석봉의 가슴에서도 뜨거운 눈물이 흘렀습니다.

'겨우 그걸 실력이라고 어머니 앞에서 뽐냈으니 얼마나 부끄러운 일인가? 어둠 속에서도 고른 글씨를 쓸 때까지 열심히 노력해서 기필코 과거에 급제해야겠다.'

석봉은 굳은 결심을 하였습니다.

어머니에게 꾸지람만 듣고 돌아온 석봉을 영계 선생님은 따뜻하게 맞아 주었습니다.

"추운 길 오느라 고생이 많았구나. 네가 다시 돌아올 줄 알았다."

"스승님, 이 제자를 벌해 주십시오. 저는 아직 아무것도 아니었습니다. 자만하였던 제자신이 부끄럽습니다."

"알았으니 됐다. 너를 꾸짖고 벌할 사람은 너 자신밖에 없다."

십 년 공부 끝에

또다시 피나는 수련이 시작되었습니다. 석봉은 1분을 아껴 글씨 연습과 과거 시험 공부를 하였습니다.

스승님의 가르침은 더욱 엄격했습니다.

"과거에 급제해서 떵떵거리며 잘살려고 공부하는 것은 우스운 짓이다. 그러려면 과거 공부를 할 필요가 없다. 그런 사람은 과거 급제를 하여 벼슬길에 나아가더라도 파벌이나 짓고 탐관오리(백성의 재물을 빼앗는, 행실이 깨끗하지 못한 관리)가 되기 십상이다. 너는 나라와 백성을 위한 벼슬아

치가 되고, 어느 자리에서나 꼭 필요한 인물이 되도록 하
여라."

"스승님 말씀대로 과거에 급제하면 좋은 관리가 되도록
노력하겠습니다."

"이제 너도 내년이면 과거 시험을 볼 텐데, 호를 짓는 게
좋겠다. '비바람에도 굴하지 않고 우뚝 솟은 바위'라는 뜻
의 '석봉'이 어떠하냐?"

그때부터 본래 이름보다 '석봉'이라는 호가 사람들의 입에 오르내리게 되었습니다.

1567년, 석봉의 나이 스물다섯, 명종 임금이 세상을 떠나고 조선 14대 선조 임금이 왕위에 올랐습니다.

선조 임금은 전국에 과거 시험을 알리는 방을 붙이도록 했습니다. 그동안 갈고닦은 실력을 겨루기 위해 전국의 선비들이 과거 시험장으로 구름 떼같이 몰려들었습니다.

석봉도 선비들 사이에 자리를 잡고 차분히 앉았습니다. 석봉은 시제를 앞에 놓고 10년 동안 갈고닦은 실력을 마음껏 펼쳤습니다. 깊은 생각 끝에 나온 석봉의 시는 남달랐고, 혼신의 힘을 기울여 쓴 석봉의 글씨는 그 어떤 글씨보다 빼어났습니다.

며칠 뒤 합격자 발표가 있는 날, 대궐 문에 석봉의 이름이 당당하게 나붙었습니다. 서생들이 그토록 원하던 진사시에 장원 급제한 것입니다.

"오! 그대는 과연 훌륭한 명필이오. 이렇게 뛰어난 글씨

를 쓰다니!"

석봉의 시험지를 보고 놀란 것은 시험 감독관들만이 아니었습니다. 석봉의 소문을 들은 임금도 석봉을 불러 칭찬을 하고 벼슬을 내렸습니다.

"호오, 훌륭한 글씨로다. 어디서 이렇게 훌륭한 글씨를 연마하였느냐?"

"제가 이렇게 글씨를 잘 쓸 수 있었던 것은 모두 어머니 덕분입니다."

"너야말로 진정한 명필이로다. 내 훌륭한 너희 모자에게 상을 내리리라."

석봉은 선조 임금으로부터 많은 상과 벼슬을 받고 집으로 달려갔습니다. 어머니는 그제야 환하게 웃으며 석봉을 아낌없이 칭찬해 주었습니다.

"내 아들아, 정말 장하다. 마침내 우리의 땀이 열매를 거두었구나. 이제야 지하에 계신 할아버지와 아버지를 뵐 낯이 생겼어."

한석봉 서첩

"어머니, 이 모든 영광은 오로지 어머니 것입니다. 이제 작은 벼슬이라도 하였으니, 먹고살 걱정은 하지 않아도 될 것입니다. 그렇지만 스승님께서는, 지금은 나라가 어지러우니 벼슬을 하는 것보다 글씨를 더욱 연마하여 이 나라를 빛내는 명필이 되는 것이 옳은 일이라고 하셨습니다."

"그래, 네 말이 옳구나. 옳다고 생각하는 일에 너의 신명(몸과 목숨을 아울러 이르는 말)을 다하여라."

어느새 머리가 희어진 어머니는 진심으로 석봉의 뜻을 존중해 주었습니다.

석봉은 과거에 급제한 후에도 어머니를 모시면서 글씨 연습을 게을리하지 않았습니다. 그는 한 가지 글씨체만이 아니라 해서, 행서, 초서 등 여러 가지 글씨체에도 뛰어났고, 더욱 발전하여 높은 경지에까지 이르렀습니다. 그의 이름은 온 나라 안에 알려졌습니다.

선조 임금은 석봉의 글씨를 높이 평가하여 사자관이라는 벼슬을 내렸습니다. 사자관이란, 대궐 안의 문서들을 깨끗

이 옮겨 쓰고, 임금의 말을 잘 기록하여 보관하는 일을 하
는 벼슬입니다. 석봉은 이 일을 하면서 늘 임금 가까이에
있었습니다.

임금은 중국 명나라에 사신을 보낼 때는 꼭 석봉을 데리
고 가게 했습니다. 중국에도 석봉의 이름을 자랑하고 널리

퍼지도록 하기 위해서였습니다.

한석봉의 이름이 중국 땅에까지 널리 알려지자, 명나라 사신들은 너도나도 우리나라에 와서 석봉의 글을 얻어 가려고 애를 썼습니다.

석봉의 글씨를 본 사람들은 모두 놀라움을 금치 못했습니다. 특히 중국의 으뜸가는 명필인 왕세정이라는 사람은 석봉의 글을 보고 무릎을 치며 탄복하였습니다.

"참으로 놀라운 글씨로다! 글자 한 획 한 획이 물고기가 부드럽게 헤엄치는 것 같고, 천리마가 힘차게 달리는 듯하구나. 나는 감히 그 앞에 설 수가 없겠다. 과연 한석봉은 천하 명필이로다!"

왕세정뿐 아니라 석봉의 글씨를 좋아했던 명나라의 이여송 장군도 명마가 달리는 듯 힘찬 석봉의 글씨는 왕희지보다 못할 것이 없다고 높이 평가했습니다.

석봉의 글씨를 본 사람이면 누구나 칭찬을 아끼지 않았습니다.

진정한 명필

석봉의 글씨를 아끼고 사랑한 선조 임금은 석봉의 글씨를 좀 더 많은 사람이 보고 배우도록 하기 위해 왕명을 내렸습니다.

"그대의 글씨로 천자문을 만드는 것이 어떻겠는고? 글자를 처음 배우는 백성들이 첫출발부터 좋은 글씨로 공부한다면 좋지 않겠는가."

"폐하, 성은이 망극하옵니다. 폐하의 분부 곧 거행하겠나이다."

石峰 韓濩 像

한석봉의 초상화 | 조선 최고의 명필 한석봉이 글씨를 쓰는 모습을 담은 초상화입니다.

그리하여 석봉은 한 자 한 자 온갖 정성을 다하여 천 자의 글씨를 써서『석봉 천자문』을 만들었습니다.

그 뒤 18년이 지난 1601년, 인쇄 기술이 발달하자 활자로 만들어『석봉 천자문』을 나라 안의 온 백성들이 널리 사용하도록 하였습니다.

석봉의 글씨는 곧 '국서체'가 되었습니다. 국서체란 '나라를 대표하는 글씨'라는 뜻으로, 궁궐의 문서들을 기록하는 글씨체를 말합니다.

이처럼 석봉의 글씨가 온 나라에 보급되자 나라 안의 많은 선비들이 석봉의 글씨를 따라 썼습니다. 그뿐 아니라 대궐 안의 임금과 왕후, 공주에서부터 시골의 아이들까지도 부드럽고 힘찬 석봉의 글씨체를 배웠습니다.

이름난 문인들과 친분을 쌓으면서 석봉의 학식과 인품은 날로 높고 깊어만 갔습니다.

그러나 늘 좋은 일만 있는 것은 아니었습니다. 석봉을 시기하고 모함하는 사람도 많았습니다. 임금은 그런 석봉을 보호하기 위해 가평이라는 한적한 고을의 군수로 보내 석봉이 조용히 글씨 공부에만 전념할 수 있도록 하였습니다.

"그대의 글씨는 하늘과 땅과 조화를 이루어 보는 사람에게 큰 힘과 위안을 주니, 대궐의 복잡한 일에 휩쓸리지 말고 한적한 곳에 가서 쉬엄쉬엄 글씨 쓰기를 하며 후세에 그 훌륭한 솜씨를 많이 남기도록 하라."

석봉은 글씨 쓰기에 힘을 기울일 뿐 아니라 고을을 어질게 잘 다스렸습니다. 가난한 백성들을 살피고, 어려움에 처한 사람들을 도와주었습니다. 백성들은 그런 석봉을

석봉 천자문 | 중국 양나라의 주흥사가 지은 『천자문』을 한석봉이 글씨를 써서 펴냈습니다. 한자에 한글로 훈과 음을 단 아동용 학습서입니다.

높이 우러러보았습니다.

그 뒤 석봉은 명나라에 사신으로 가 조선의 이름을 떨쳤으며, 흡곡 현령과 존숭도감 사서관이라는 벼슬을 하다가 고향으로 돌아왔습니다.

1605년, 명필로 천하에 이름을 떨친 한석봉은 고향에서 조용히 시를 짓고 글씨를 쓰며 지내다가 63세에 병을 얻어 세상을 떠났습니다.

"아아, 너무 아깝고 슬픈 일이로다. 천하 명필을 땅속에 묻어야 하다니!"

임금을 비롯하여 온 나라 사람들이 석봉의 죽음을 슬퍼했습니다. 명나라에서도 사신을 보내어 석봉의 죽음을 안타까워했습니다.

그러나 한석봉이 죽은 후에도 그가 남긴 글씨들은 보석처럼 빛났습니다. 「석봉 천자문」뿐만 아니라 도산 서원, 성균관 대성전 등의 현판이나, 비석에 쓴 글씨 등은 소중한 문화유산으로 남아 있습니다.

연 대	발 자 취
1543년(1세)	송도에서 태어나다. 본명은 한호, 자는 경홍, 호는 석봉.
1545년(3세)	아버지가 세상을 떠나다.
1554년(12세)	영계 신희남의 문하생이 되어 학문을 닦다.
1557년(15세)	휘호 대회에서 장원하여 집으로 돌아왔다가 어머니의 꾸중을 듣다.
1567년(25세)	명종이 죽고 선조가 즉위하다. 과거(진사시)에 급제하다.
1592년(50세)	임진왜란이 일어나 전국에서 의병이 일어나다.
1593년(51세)	임진왜란 때의 문서를 보관하고 외교 문서를 작성하는 일을 맡다.
1597년(55세)	정유재란이 일어나다. 스승 신희남이 세상을 떠나다.
1599년(57세)	가평 군수가 되어 고을을 다스리다.
1601년(59세)	「석봉 천자문」을 펴내다.
1604년(62세)	흡곡 현령을 거쳐 존숭도감 사서관이 되다. 사서관으로서 중국에서 오는 사신을 맞거나, 명나라에 가는 사신을 수행하여 뛰어난 필치로 조선의 얼을 중국에 널리 떨치다.
1605년(63세)	병을 얻어 세상을 떠나다.

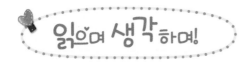

읽으며 생각하며!

1. '석봉'이라는 이름에는 어떤 의미가 담겨 있나요?

2. 할아버지가 돌아가신 뒤 한석봉에게 글씨 쓰기를 가르쳐 준 스승은 누구였나요?

3. 임금의 명을 받들어 한석봉이 펴낸 책으로서, 온 나라 백성들이 글씨 공부를 할 때 널리 사용한 것은 어떤 책이었나요?

　　석봉의 글씨를 아끼고 사랑한 선조 임금은 석봉의 글씨를 좀 더 많은 사람이 보고 배우도록 하기 위해 왕명을 내렸습니다.
　　"그대의 글씨로 천자문을 만드는 것이 어떻겠는고? 글자를 처음 배우는 백성들이 첫출발부터 좋은 글씨로 공부한다면 좋지 않겠는가."
　　"폐하, 성은이 망극하옵니다. 폐하의 분부 곧 거행하겠나이다."

4. 다음 글에 나타난 어머니의 태도에 대해 어떻게 생각하는지 자식의 입장과 부모의 입장에서 의견을 적어 보세요.

> 한참 뒤, 불을 켜 보니 이게 웬일일까요? 어머니가 썬 떡은 쪽 고른데, 석봉의 글씨는 크기도 모양도 제각각에다 삐뚤삐뚤 볼품이 없었습니다. 석봉은 기가 막혔습니다. 어머니는 그럴 줄 알았다는 듯 놀라지도 않고 차분히 말했습니다.
>
> "이게 3년이나 공부한 명필의 글씨란 말이냐?"
>
> "어머니, 용서해 주세요. 어머니가 고생하시는 것이 너무 마음 아파서 그만……."
>
>
>
> "어미를 가엾게 여긴다면 이 길로 가서 열심히 공부하여라. 그래서 과거에 급제하여 집안을 일으키는 명필이 되어라. 지금 당장 떠나라."
>
> "하룻밤만 어머니 곁에서 자고 가게 해 주십시오."
>
> "그러면 떠나지 못한다. 당장 나서라!"

• 부모의 입장 :

• 자식의 입장 :

5. 한석봉은 가난과 어려움 속에서도 꿋꿋이 재능을 갈고닦아 나라의 큰 인물이 되었습니다. 모든 것이 풍부한 시대를 살아가는 요즘 어린이들에게 그의 삶은 어떤 교훈을 주는지 생각하여 적어 보세요.

6. '재능은 타고나는 것인가, 만들어지는 것인가?'라는 질문에 대해 여러
   분은 어떻게 생각하나요? 다음 글을 참고로 하여 여러분의 생각을 논
   리적으로 펼쳐 보세요.

임금님의 장수를 빌고, 할아버지의 장수를 빌고, 할아버지 친구분들의 장수를 빈다는
내용의 시를 읽은 할아버지 친구들은 모두가 눈이 휘둥그레졌습니다.

"호오, 이렇게 훌륭할 수가! 이 글을 누가 일곱 살짜
리 아이가 짓고 쓴 것이라 하겠소? 내용도 훌륭하
지만, 글씨 한 획 한 획이 정확하고 힘이 있지
않소. 이 아이는 신동이 틀림없소!"

"우리 조선에 명필이 났구려. 한 공은 훌륭
한 자손을 두어서 좋겠소이다."

석봉은 영계 선생님 밑에서 1분 1초를 소중히 여기고 열심히
공부하는 한편, 글씨 쓰기에도 최선을 다하였습니다.
남들이 한 시간 공부하면 두세 시간 공부했고,
다른 서생들이 잘 때도 혼자 깨어 몇 곱절의
노력을 기울였습니다. 석봉의 피나는 노력은
아무도 흉내 낼 수 없었습니다.

 풀이

1. 비바람에도 굴하지 않고 우뚝 솟은 바위.

2. 영계 신희남

3. 『석봉 천자문』

4. 예시 : • 부모의 입장 – 어머니가 석봉에게 화가 난 것은 최고의 명필이 못 되어서가 아니다. 일정한 수준에 도달했다고 자만하여 약속을 저버린 채 중간에 돌아왔다는 것에 화가 난 것이다. 한석봉의 어머니가 진정으로 가르치고자 했던 것은 완벽한 글씨체가 아니라 큰 뜻을 이루기 위해 배워야 하는 '겸손과 신의'였다.

   • 자식의 입장 – 약속을 지키지 않은 건 석봉의 잘못이다. 하지만 홀로 계신 어머니가 걱정되어 일찍 온 것인데 차갑게 내친 건 너무하다는 생각이 든다. 어둠 속에서 글씨를 쓰는 것만으로 석봉의 수준을 평가한 것도 무리가 있다.

5. 예시 : 한석봉은 가난과 온갖 시련 속에서도 포기하지 않고 피나는 노력 끝에 조선 최고의 명필이 되었다. 요즘 어린이들은 너무 쉽게 포기하는 경우가 많은 것 같다. 한석봉의 삶을 통해 뜻을 이루기 위해 끝까지 포기하지 않는 정신력과 끈기, 인내심을 배울 수 있을 것이다.

6. 예시 : 아무리 뛰어난 재능을 갖고 태어났다 하더라도 갈고닦지 않으면 아무 소용이 없다. 금광석이 수많은 과정을 통해 깎이고 다듬어져 마침내 금으로서의 가치를 지니게 되는 것처럼, 재능 또한 갈고닦지 않으면 제대로 빛나지 않을 것이다. 한석봉이 타고난 명필이기도 했지만 어머니와 스승의 가르침, 피나는 노력이 없었다면 그는 조선을 대표하는 명필이 될 수 없었을 것이다.

위인 (상단)

최무선 (1328~1395)
황희 (1363~1452)
세종 대왕 (1397~1450)
장영실 (?~?)

신사임당 (1504~1551)
이이 (1536~1584)
허준 (1539~1615)
유성룡 (1542~1607)

한석봉 (1543~160?)
이순신 (1545~1598)
오성과 한음 (오성 1556~1618 / 한음 1561~1613)

광개토 태왕 (374~412)
을지문덕 (?~?)

연개 소문 (?~666)
김유신 (595~673)

대조영 (?~719)

장보고 (?~846)
왕건 (877~943)

강감찬 (948~1031)

사건 (상단)

고구려 살수 대첩 (612)
신라 삼국 통일 (676)

견훤 후백제 건국 (900)
궁예 후고구려 건국 (901)

고려 강화로 도읍 옮김 (1232)
개경 환도, 삼별초 대몽 항쟁 (1270)

문익점 원에서 목화씨 가져옴 (1363)
최무선 화약 만듦 (1377)
조선 건국 (1392)

허준 동의보 완성 (1610)
병자 호란 (1636)
상평 통보 전국 유통 (1678)

고조선 건국 (B.C. 2333)

철기 문화 보급 (B.C. 300년경)
고조선 멸망 (B.C. 108)

고구려 불교 전래 (372)
신라 불교 공인 (527)

대조영 발해 건국 (698)

장보고 청해진 설치 (828)

왕건 고려 건국 (918)

귀주 대첩 (1019)

윤관 여진 정벌 (1107)

훈민 정음 창제 (1443)

임진 왜란 (1592~1598)
한산도 대첩 (1592)

B.C.	선사 시대 및 연맹 왕국 시대	A.D. 삼국 시대	698 남북국 시대	918	고려 시대	1392	

2000	500	400	300	100	0	300	500	600	800	900	1000	1100	1200	1300	1400	1500	1600

B.C.	고대 사회	A.D. 375	중세 사회	1400	

세계사 사건 (하단)

중국 황하 문명 시작 (B.C. 2500년경)

인도 석가모니 탄생 (B.C. 563년경)

알렉 산더 대왕 동방 원정 (B.C. 334)

크리 스트교 공인 (313)
게르만 민족 대이동 시작 (375)
로마 제국 동서로 분열 (395)

수나라 중국 통일 (589)

이슬람교 창시 (610)
수 멸망 당나라 건국 (618)

러시아 건국 (862)

거란 건국 (918)
송 태종 중국 통일 (979)

제1차 십자군 원정 (1096)

테무친 몽골 통일 칭기즈 칸이 됨 (1206)
원 제국 성립 (1271)

원 멸망 명 건국 (1368)

잔 다르크 영국군 격파 (1429)
구텐 베르크 금속 활자 발명 (1450)

코페르니 쿠스 지동설 주장 (1543)
도요토미 히데요시 일본 통일 (1590)

독일 30년 전쟁 (1618)
영국 청교도 혁명 (1642~164?)
뉴턴 만유 인력의 법칙 발견 (1665)

석가모니 (B.C. 563?~ B.C. 483?)

예수 (B.C. 4?~ A.D. 30)

칭기즈 칸 (1162~1227)